The Boy Who Touched the Stars
El niño que alcanzó las estrellas

By / Por
José M. Hernández

Illustrations by / Ilustraciones de
Steven James Petruccio

Spanish translation by / Traducción al español de
Gabriela Baeza Ventura

Piñata Books
Arte Público Press
Houston, Texas

Publication of *The Boy Who Touched the Stars* is funded in part by a grant from the Clayton Fund, Inc. We are grateful for their support.

Esta edición de *El niño que alcanzó las estrellas* ha sido subvencionada en parte por la Clayton Fund, Inc. Le agradecemos su apoyo.

Piñata Books are full of surprises!
¡Piñata Books están llenos de sorpresas!

Piñata Books
An Imprint of Arte Público Press
University of Houston
4902 Gulf Fwy, Bldg 19, Rm 100
Houston, Texas 77204-2004

Cover design by / Diseño de la portada por Bryan Dechter

Names: Hernández, José M., 1962- author. | Petruccio, Steven, illustrator. | Ventura, Gabriela Baeza, translator. | Paraphrase of (work): Hernández, José M., 1962- Reaching for the stars. | Hernández, José M., 1962- Boy who touched the stars. | Hernández, José M., 1962- Boy who touched the stars. Spanish.
Title: The boy who touched the stars = El niño que alcanzó las estrellas / by José M. Hernández ; illustrations by Steven James Petruccio ; Spanish translation by Gabriela Baeza Ventura.
Other titles: Niño que alcanzó las estrellas
Description: Houston, TX : Piñata Books, an Imprint of Arte Público Press, 2019. | English and Spanish. | Audience: Ages 5-8. | Audience: K to Grade 3.
Identifiers: LCCN 2018035114 (print) | LCCN 2018047894 (ebook) | ISBN 9781518505799 (pdf) | ISBN 9781558858824 (alk. paper)
Subjects: LCSH: Hernández, José M., 1962—Juvenile literature. | Astronauts—United States—Biography—Juvenile literature. | Hispanic American astronauts—Biography—Juvenile literature. | Migrant agricultural laborers—California—Biography—Juvenile literature.
Classification: LCC TL789.85.H469 (ebook) | LCC TL789.85.H469 A3 2019 (print) | DDC 629.450092 [B]—dc23
LC record available at https://lccn.loc.gov/2018035114

∞ The paper used in this publication meets the requirements of the American National Standard for Permanence of Paper for Printed Library Materials Z39.48-1984.

Printed in China by Yuto Printing
July 2023–October 2023
9 8 7 6 5

Dedicated to all the children who dream big. I hope my story empowers them to reach for their own stars!

—JMH

For my grandson Luca. Always follow your dreams.

—SJP

Le dedico este libro a todos los niños y todas las niñas que sueñan en grande. Espero que mi historia ¡los empodere a alcanzar sus propias estrellas!

—JMH

Para mi nieto Luca. Siempre sigue tus sueños.

—SJP

Every evening when I was a boy, I would look out my window and stare at the stars. Some were blue, yellow, white . . . some were larger and brighter than others. Most would twinkle in the dark sky. It was as if they were alive. Later I would learn that the ones that did not twinkle were planets.

I also discovered that some stars fell from the sky. And each time I would see one falling, I hoped to find it so that I could put it in my pocket and carry it as a good luck charm.

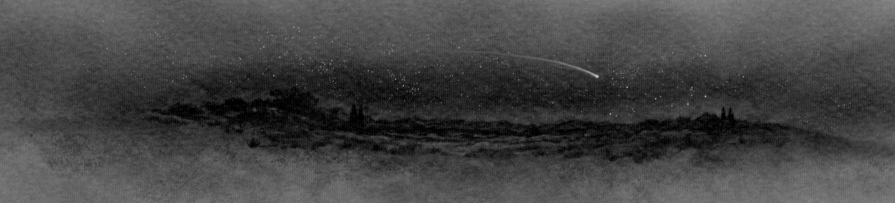

Cuando era niño, cada anochecer me asomaba por mi ventana y observaba las estrellas. Algunas eran de color azul, amarillo, blanco . . . algunas eran más grandes y más brillantes que otras. La mayoría titilaba en el cielo oscuro. Parecía que estaban vivas. Después aprendí que las que no titilan son planetas.

También descubrí que algunas estrellas se caen del cielo. Y cada vez que veía que una caía, deseaba encontrarla y guardarla en mi bolsillo como amuleto de la buena suerte.

My parents were farmworkers who labored in the fields of California.

After the harvest, we would drive to La Piedad, Michoacán, a small town in Central Mexico where my grandparents lived.

I always stared at the moon through the car window while my brothers and sister slept. It was as if the moon was following me which made me feel very special. The moon became my best friend.

Mis padres eran trabajadores agrícolas en los campos de California.

Después de la cosecha, viajábamos a La Piedad, Michoacán, un pequeño pueblo en el centro de México donde vivían mis abuelos.

Yo siempre me asomaba por la ventana del auto y observaba la luna mientras mis hermanos dormían. Era como si la luna me siguiera y eso me hacía sentir muy especial. La luna se convirtió en mi mejor amiga.

With all the traveling, it was difficult to do our schoolwork and we had a hard time learning English. But everything changed when my second-grade teacher, Miss Young, talked to my parents about the importance of staying in one place for our education.

My parents decided to stay in the United States, and I started enjoying school. When Miss Young found out I liked astronomy, she gave me a book titled *The SUN, the MOON, and the STARS* that explained a lot about space! Books became my best friends.

Como teníamos que viajar tanto, era difícil hacer las tareas de la escuela y batallamos para aprender inglés. Pero todo cambió cuando mi maestra de segundo año, la señorita Young, habló con mis padres sobre la importancia de quedarse en un sólo lugar para nuestra educación.

Mis padres decidieron quedarse en Estados Unidos y yo empecé a disfrutar la escuela. La señorita Young descubrió que me gustaba la astronomía y me regaló un libro titulado *El SOL, la LUNA y las ESTRELLAS* ¡que explicaba todo sobre el espacio! Los libros se convirtieron en mis mejores amigos.

I felt like I knew a lot about astronomy when man landed on the moon. It was so exciting to actually see the astronauts on our TV! I closed my eyes and imagined myself wearing a spacesuit. That's when I decided to become an astronaut.

When I shared my dream with my family, my father told me that if I really wanted that, I had to follow a recipe: Identify my goal, determine how long it would take me to achieve it and create a plan to reach it. Mom added that I should do well in school and work hard. Later I thought of another ingredient: never ever give up!

I was very happy because my parents believed I could be an astronaut. This meant that I was closer to touching the stars!

Yo creía saber mucho sobre astronomía cuando el hombre aterrizó en la luna. ¡Fue tan emocionante ver a los astronautas en nuestra tele! Cerré los ojos y me imaginé en uno de esos trajes espaciales. ¡Allí fue cuando decidí que sería un astronauta!

Cuando compartí mi sueño con mi familia, mi padre me dijo que si de verdad quería eso tendría que seguir una receta: identificar mi meta, definir cuánto me tomaría alcanzarla y hacer un plan. Mamá agregó que debería dedicarme a mis estudios y trabajar duro. Más tarde pensé en otro ingrediente: ¡jamás darme por vencido!

Estaba muy contento porque mis padres creían que yo sí podría ser astronauta. Eso significaba que estaba un poco ¡más cerca de alcanzar las estrellas!

One day while I was picking cucumbers, I heard on my pocket radio that Dr. Franklin Chang-Díaz, a scientist from Costa Rica, had been selected to be a NASA astronaut.

I went to the school and public libraries and borrowed books about him. I found out that we shared similar backgrounds. He did not speak perfect English, like me. And he even looked like me! I thought, if he can do it, so can I!

Un día mientras cosechaba pepinos, escuché en mi radio portátil que el Dr. Franklin Chang-Díaz, un científico de Costa Rica, había sido elegido como astronauta de la NASA.

Fui a la biblioteca de mi escuela y a la pública y saqué libros sobre él. Descubrí que teníamos una historia similar. Como yo, no hablaba un inglés perfecto. ¡Y hasta se parecía a mí! Pensé, si él pudo, ¡yo también!

Before I knew it, I was in college!

I was very excited to be one step closer to becoming an astronaut, but I was nervous that my classes were going to be harder than my classes in high school. Each time I ran into a difficulty, I would stare out my bedroom window at night and admire the stars. That helped me remember my goal and kept me going.

Casi sin darme cuenta, ¡estaba en la universidad!

Estaba muy emocionado de estar un paso más cerca de ser astronauta, pero estaba nervioso porque sabía que las clases serían más difíciles que las de la preparatoria. Cada vez que tenía una dificultad, por la noche miraba por la ventana de mi recámara y admiraba las estrellas. Eso me ayudaba a recordar mi meta y seguir adelante.

My hard work paid off when I finally graduated as an electrical engineer. I dedicated my graduation to my family who always believed in me. I even wrote "Hi Mom" on the top of my graduation cap.

Although I was not an astronaut yet, I was getting closer to achieving my dream.

El trabajar duro tuvo resultados cuando finalmente me gradué como ingeniero eléctrico. Le dediqué mi graduación a mi familia que siempre creyó en mí. Hasta escribí "Hola, Mamá" en mi birrete de graduación.

Aunque aún no era astronauta, estaba más cerca de alcanzar mi sueño.

I began working as an engineer at Lawrence Livermore National Laboratory. A few years later, I got married and although I was very happy with my life, I knew I had not fulfilled my dream.

So I applied to NASA. They rejected my application, but I did not give up. I submitted another application listing my new accomplishments.

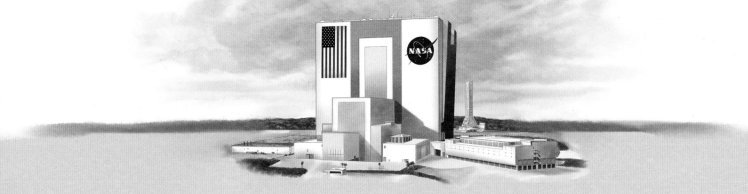

Empecé a trabajar como ingeniero en el Lawrence Livermore National Laboratory. Unos años después, me casé, y aunque estaba muy feliz con mi vida, sabía que no había realizado mi sueño.

Así es que busqué trabajo en la NASA. Me rechazaron pero no me di por vencido. Entregué otra solicitud enumerando todos mis nuevos logros.

I learned how to fly airplanes, got certified as a scuba diver and even learned how to speak Russian!

NASA rejected me eleven times, but on my twelfth try, NASA finally selected me to become an astronaut! This experience taught me to never give up.

Aprendí a volar aviones, me certifiqué como buzo y ¡hasta aprendí a hablar ruso!

La NASA me rechazó once veces, pero en la doceava, NASA por fin me seleccionó ¡para hacerme astronauta! Esta experiencia me enseñó que jamás debo darme por vencido.

After two years, I finished astronaut school and earned my wings.

NASA assigned me to a space mission and that is when I knew turning my dream into a reality had been worth all the work.

I would travel aboard the space shuttle Discovery to the International Space Station with six other astronauts! We were all very excited to be part of this important mission.

Después de dos años, terminé la escuela de astronauta y me dieron mis alas.

NASA me asignó una misión espacial y entonces supe que todo mi esfuerzo y paciencia habían valido la pena para hacer mi sueño realidad.

¡Viajaría en el transbordador Discovery a la Estación Espacial Internacional con otros seis astronautas! Todos estábamos muy emocionados de ser parte de esta importante misión.

When the moment arrived to blast off into space, my heart was beating very fast. We entered the space shuttle, adjusted our seat belts and anxiously awaited the countdown:

3 . . . 2 . . . 1 . . . Blast off!

The space shuttle went from zero to 17,500 miles per hour and reached outer space in just eight and a half minutes!

We were 280 miles high above the Earth!

Cuando llegó el momento de despegar hacia el espacio, mi corazón estaba latiendo bien rápido. Todos abordamos el transbordador, nos ajustamos los cinturones y con ansiedad esperamos la cuenta regresiva:

3 . . . 2 . . . 1 . . . ¡Despegue!

El transbordador pasó de cero a 17,500 millas por hora y llegó al espacio en ¡sólo ocho minutos y medio!

¡Estábamos a 280 millas del planeta Tierra!

Once we were in space, I took off my seat belt and started to float. I did my best Superman impersonation as I floated through the cabin. It was amazing!

We spent fourteen days in space, going around the planet once every ninety minutes. We conducted many experiments. When I had a free minute, I looked out the window, Earth looked so pretty from high above.

We went around Earth 217 times and traveled more than 5.7 million miles on this mission!

Cuando ya estábamos en el espacio, me quité el cinturón y empecé a flotar. Practiqué mi mejor imitación de Superman mientras flotaba por la cabina. ¡Qué maravilla!

Estuvimos en el espacio catorce días, dando vueltas al planeta cada noventa minutos. Hicimos muchos experimentos. Cuando tenía un minuto libre, me asomaba por la ventana y la Tierra se veía tan linda desde allá arriba.

En esta misión le dimos 217 vueltas al planeta y ¡viajamos más de 5.7 millones de millas!

A big crowd cheered when we returned safely to Earth. The mission was a total success.

When I finally had a chance to get some rest, I laid down on the grass in my backyard to gaze at the stars. It was remarkable to think that I had been up there just a few days earlier! I was finally an astronaut. I had touched the stars.

Un grupo grande de gente nos recibió con aplausos cuando regresamos a la Tierra sin problema. ¡La misión fue todo un éxito!

Cuando por fin tuve la oportunidad de descansar, me acosté sobre el pasto en el patio detrás de mi casa para mirar las estrellas. Era impresionante pensar que apenas unos días antes, ¡había estado allá arriba! Por fin era astronauta. Había alcanzado las estrellas.

I share my story because I think we can all reach our own stars if we follow my parent's recipe: Identify your goal, determine how far you are from achieving it and create a plan to reach it. Then, do well in school and work hard. And don't forget my secret ingredient: never ever give up!

So tell me . . . What is your dream? Which stars do you want to touch?

Comparto mi historia porque creo que todos podemos alcanzar nuestras estrellas si seguimos la receta de mis padres: identificar tu meta, saber cuánto te falta para alcanzarla y hacer un plan. Después debes dedicarte a tus estudios y trabajar duro. Y no olvides mi ingrediente especial: ¡jamás darse por vencido!

Y, dime . . . ¿Cuál es tu sueño? ¿Cuáles son las estrellas que te gustaría alcanzar?

José M. Hernández was born into a migrant farm-working family from Mexico. He spent much of his childhood traveling up and down California to work the fields and didn't learn English until he was twelve years old. In spite of this, he obtained undergraduate and graduate degrees in Electrical Engineering. In 2004, he was selected to be part of the 19th class of US Astronauts. He achieved his life-long dream of becoming an astronaut in 2009 when he served as the flight engineer on the space shuttle Discovery on a fourteen-day mission to the International Space Station.

José M. Hernández nació en una familia de trabajadores agrícolas de México. Pasó gran parte de su infancia viajando por California para trabajar en los campos agrícolas y no aprendió inglés hasta los doce años. A pesar de esto se recibió con una licenciatura y una maestría en ingeniería eléctrica. En el 2004 fue elegido como miembro del curso decimonoveno de Astronautas de los Estados Unidos. Logró el sueño de su vida de ser astronauta en el 2009 cuando trabajó como ingeniero de vuelo en el transbordador Discovery en una misión de catorce días a la Estación Espacial Internacional.

Steven James Petruccio wanted to be an artist for as long as he can remember. He has been a professional artist for more than thirty years, illustrating over eighty picture books, including for the award-winning series, the Smithsonian Oceanic Collection. His illustrations were included in the exhibit, *American Nostalgia: Contemporary Artists Reinterpret the Themes of Norman Rockwell,* and one of his books was featured on PBS' popular TV show, *Reading Rainbow.* In 2012, Steven received the Rip Van Winkle Award from the School Library Media Specialists of Southeastern New York for his contributions to children's literature.

Steven James Petruccio siempre quiso ser artista. Ha sido un artista profesional por más de treinta años, y ha ilustrado más de ochenta libros infantiles, entre ellos la serie ganadora Smithsonian Oceanic Collections. Sus ilustraciones fueron parte de la exhibición, *American Nostalgia: Contemporary Artists Reinterpret the Themes of Norman Rockwell,* y uno de los libros fue elegido para el popular show de televisión en PBS, *Reading Rainbow.* En el 2012, Steven recibió el premio Rip Van Winkle del School Library Media Specialists de Southeastern New York por sus contribuciones a la literatura infantil.